잠언으로 주신
주님의 사랑

이용호 지음

엘맨
하나님의 사람을 만들어 가는 ELMAN

잠언으로 주신 주님의 사랑

초판1쇄   2022년 3월 31일

지은이   이용호
펴낸이   이규종
펴낸곳   엘맨출판사
등록번호   제13-1562호(1985.10.29.)
등록된곳   서울시 마포구 토정로 222
            한국출판콘텐츠센터 422-3
전화   (02) 323-4060, 6401-7004
팩스   (02) 323-6416
이메일   elman1985@hanmail.net
            www.elman.kr

ISBN   978-89-5515-018-6 03230

값 12,000 원

잠언으로 주신
주님의 사랑

이용호 지음

엘맨
하나님의 사람을 만들어 가는 ELMAN

목차

서문

주님이 우리를 사랑하시는 방법은 끝이 없으시다.

때로는 태산같은 의문이 나를 힘들게 할 때 주님은 한 구절의 잠언으로 나의 의문에 답을 주실 때가 있었다.

그리고 때로는 채찍이 아파도 지나고 보면 그때 또한 우리를 무한히 사랑하시는 사랑의 매 였음을 깨달았다.

밤이 깊으면 새벽이 가까움을 믿듯이 고난의 때가 지나면 환희의 날이 옴을 믿는 것이 믿음이다.

기도보다 더 위대한 힘이 어디 있을까, 우리의 기도는 주님의 뜻을 움직이는 힘이 있지 않은가.

이 글을 잃는 모든 분들에게도 내가 누렸듯 뜨거운 감동으로 전해지기를 기도한다.

사랑을 값으로 계산할 수 있다고
생각하는 사람은 사랑을 모르는 사람이다.

사랑에는 값으로 계산할 수 없는 무게를 지니고 있다.

타인의 희생을 강요하는 자 만큼 악한 자도 없다.

내일의 시간은 꿈이었지 현실이 아님을 믿는 자는 지혜로운 자
다.

타인의 눈물을 두고 조소하는 자가 있다.

그가 울 때 함께 울 자가 있을까.

외부의 적과 싸우는 일도 중요하지만 내안에 자괴하려는 악과의
싸움은 더욱 중요하다.

용서만큼 위대한 승리도 없다.

죽음 앞에서 웃을 수 있는 삶은 성공한 삶이다.

큰강도 바다에 이르러서는 자기 모습을 잃는다.

악한 자는 이웃을 잃어가며 더 악해진다.

힘든길을 쉬어가며 가게 되어 있다.

그러나 무절제한 쉼은 가는 길을 다가갈 수 없게 한다.

추하게 늙어감을 싫어하듯 아름답게 사는 삶도 쉽지 않다.

침묵속에서도 느껴지는 사랑이 있다.

깊은 사랑이다.

노인을 두고 가혹한 말을 하는 자는 자기는 늙지 않을줄 착각하
는 자이다.

사랑을 하면 내가 기쁘다.

그러나 미워하면 괴롭다.

농담을 즐겨하지 말라 천박해 보인다.

어린이를 어른대하듯 해주면
그 아이의 성장에도 도움이 된다.

노래하며 우는 자가 있다.
외로움 때문이다.

가버린 시간은 다시 오지 않아도 많은 깨달음을 주고 간다.

항상 자기 이익을 우선한 자가 많이 가질 것 같아도 그렇지 않다
남의 것 넘보느라 자기껏 챙기는 시간을 잃었기 때문이다.

고아의 눈물만큼 고독한 눈물도 없다.

많은 양의 소유에도 더 취하려 아우성이다.
그러나 소유의 많음이 부는 아니다.

주는 자도 받는 자도 함께 기뻐할 때 선물은 더 빛이 난다.

소를 두고 말이라 할 수 있을까 그런데 개를 두고 자기 자식이라 한다.

우리는 혼돈의 시대에 살고 있다.

자존심에 상처를 입고도 침묵하는 자를 두려워 하라.

조용한 타이름을 받는 자는 그 안에 사랑이 있음을 깨닫는다.

불의나 모순을 보고도 때로는 비켜가는 지혜가 필요하다.

나를 지키기 위해서이다.

자기 삶에서 탐욕과 교만을 지우려 노력하는 사람은 도리어 많은 것을 얻는다.

우리는 가까운 곳에 귀한 것을 두고 먼 곳만 보는 우를 범하기도 한다.

거울앞에 서면 내가 보인다.

그러나 그것만으로 나를 보았다 할 수 없다.

진정한 나는 그 안에 있기 때문이다.

부족한 중에서도 내 것을 나누어주는 자는 어느 날 주림에서 보
답을 받는다.

자기 능력의 한계를 모르고 과신하는 자는
주춧돌 없이 집을 지음 같다.

   혹독하리만큼 지탄 받아야 할 자가 베푸는 사랑은 위선일 뿐 사
랑이 아니다. 나만이 옳다고 생각하는 사람은 타인을 통해 무엇인
가를 배울 수 있는 많은 기회를 놓친다.

   반복할 수 없는 것이 삶일진대 굳이 악하게 살아야할 이유가 있
을까.

   포근한 감정은 항상 이웃에게도 포근함을 준다.
어설픈 논리로 상대를 제압하려 하지 말라.
더 배우고 생각한후에 합당한 논리로 말하라.
힘들이지 않고 상대의 호응을 얻을 수 있다.
악한 자가 다시 돌아올 때는 힘이 든다.
우리는 그것을 배워야 한다.

선택은 자기에게 속한 것이나 거기에는 책임이 따른다.

침묵하며 조용히 아픔을 소화하는 자가 있나 하면 작은 상처에
도 격하게 분노하는 자가 있다. 그러나 분노하는 시간에 얼마나 많
은 것을 잃고 있나를 몰라서 이다.

부모의 사랑은 모르고 자란 고아에게 효도에 관한 설교를 부모
안에서 자란 자기 자식에게 하듯 하지 말라

내가 배부르면 남도 그러리라 믿는다.

그 어리석은 자는 다른 부분에서도 많은 실수를 한다.

자기도 날마다 소유를 위하여 땀을 흘리면서 타인의 소유는 죄
악시 한다.

미움은 바른 판단을 못하게 한다.

그리고 잘못된 판단위에서 어리석게 살고있는 자신을 모른다.

웃음은 상대의 긴장을 늦추게 한다.

그러나 그 웃음에는 종류가 있다.

웃음만 있다면 그것은 이상한 삶이다.

그런데 사기꾼의 유혹에는 항상 웃음꽃이 핀다.

진퇴양난의 어려움에 처할 때가 있다.

이런 시간에는 의지의 행사보다는 기도하는 인내가 필요하다.

꽃은 향기를 발하고도 그 값을 요구하지 않는다.

악하게 행하는 자는 날마다 이웃을 잃어간다.

그리고 어느 날 위기에 처했을 때는 홀로 남는다.

때로는 기이한 일이 일어난다.

그리고 그 일이 상식에 벗어난 일이면 쉽게 믿으려 하지 않는다.

그러나 우리는 온통 기이한 세상에 살고 있다.

이 무한한 우주가 그렇고 우리는 공간에 떠있는 지구에서 살고

있기 때문이다.

많은 시간 땀흘려 이룬 것을 한순간에 잃기도 한다.

지키는 것 또한 힘든 일임을 몰랐기 때문이다.

조금씩 나를 돌아보는 시간속에서 우리는 조금씩 성장한다.

사랑을 베푼 자에게서 상처를 받기도 한다.

그러나 보상을 바라고 한 것이 아니기에 감수하라.

그리고 사랑은 아무에게나 함부로 베푸는 것이 아님을 알라.

왜 스스로 자신을 파멸에 던지는 것일까

한번뿐인 삶이 얼마나 귀한 것인가를 몰라서 이다.

잘못된 명상은 자기 안에 마귀를 불러들이는 자살 행위이다.

순리가 아닌 방법으로 취한 것은 같은 방법으로 잃는다.

이는 동서고금을 통하여 역사가 보여주는 진리이다.

자기 지혜의 자랑은 지혜가 아니다.

내 호흡의 소리까지도 방해가 되는 조용한 시간의 기도가 요구

될 때가 있다.

그리고 우리는 그때마다 우리에게 기도가 얼마나 필요한가를 깨닫는다.

재물의 선용만큼 우리의 삶을 빛나게 하는 일도 그리 많지 않다.

하루의 시작이 감사로부터라면 그 날의 하루는 이미 승리가 보장된 하루일 수 있따.

왜 악하게 살려 할까 선하게 사는 길도 많거늘.

고향은 그리움의 대상이요 추억의 보고이다.

그러나 고향이 없는 사람도 있다.

나는 어려서 고아가 되었기에 사랑에 대해 잘 모른다.

살아가는 힘이 육신의 힘에서만 오는줄 착각하기 쉽다.

그러나 그리움도 삶의 힘이 된다.

곤고한 날에 나에게 사랑을 베푼 자를 쉽게 잊는 자는 남에게 사랑을 베풀 줄도 모른다.

일상의 삶이 무위한 반복인 것처럼 느껴질 때가 있다.

그러나 삶은 매시간 마다 특별한 의미가 부여되어 있다.

우리가 살아가는데는 무엇이고 필요의 양이 있다.

그러나 소유에만 집착하는 사람은 만족을 모른다.

내가 존재하는 것 보다 더 위대한 기적은 없다.

노을의 황홀함은 우리에게 천국이 있음을 믿게 한다.

매일의 삶은 내일생의 탑을 쌓는 일이다.

그러므로 하루의 삶이 소홀하여 탑이 기울거나 무너질 수도 있다.

1992년 12월 어느날, 내가 걸은 지옥은 슬프다는 언어만으로는 설명되지 않는 곳이었다.

겸손은 자기를 지키는 힘이다.

세계를 품을 수 있으면 품으라 그러나
당신은 품이 그 무게를 감당할 수 있나 확인하라.

주는 것만이 사랑인줄 착각할 수도 있다.
주지 않는 것이 사랑일 때도 있다.

긴 날을 인내하고도 얻지 못하는 경우가 있다.
잘못된 출발 때문일 수도 있다.

타인을 배려하는 삶은 자기 있는 자리를 평안하게 한다.

고용인이 고용주를 앞설 수도 있다 고용인의 의견에 공감하면
정중히 받아들이고 보답하라.
이는 자신을 신뢰할 수 있는 자로 만드는 지혜이다.

큰 일을 이루고 싶으면 침묵하는 훈련도 함께 하라.

동서고금을 통하여 부로 인해 세인의 칭송을 받는 자들마다 사랑의 사람들이었다.

멀고 험해도 인내하는 중에 위대한 지혜도 얻는다.

자기 비하를 겸손인양 착각하지 말라.

자신을 비하하는 자는 큰 일을 이룰 수 없다.

혼돈의 시대에는 자신을 지키는 일보다 더 큰 일이 없다.

목마른 자에게 물을 주면 그 마시는 시간 뿐일까

아니다 어쩌면 일생을 두고 잊지않을 수 있다.

힘은 악한 곳이 아닌 정의로운 곳에 사용해야 빛이 난다.

내가 나를 다 안다 할 수 없다 그러므로 지혜로운 사람은 타인의 충고에도 귀를 기울이다.

쉽게 할 수 있다 믿었던 일을 중도에서 포기하기도 한다.

단순한 생각은 똑같은 실수를 반복한다.

약속에는 자신의 인격이 담보된다. 그러므로
지키지 못할 때는 거기에 상당한 해명이 있어야 한다.

교만의 시작은 대개 나의 나됨의 자랑에서부터 이다.

약속을 엄수히 여기는 자는 자기를 포기한 자이다.

인내없이 큰 일을 이루려 하는 자는 남의 땀의 값어치도 모르는
자이다.

눈물같은 웃음도 있다.
달리는 슬픔을 감당할 수 없을 때이다.
약한 자를 밟고 가는 자를 우리는 존경할 수 없다.

잔인한 사람이 어느날 사랑을 말한다.
가증한 위선이다.

자족하는 삶 감사하는 삶은 보기에도 좋고 아름답다.

삶이 물질의 노예가 되면 인간의 고귀함을 누릴 수 없다.

우리의 삶속에서 자유만큼 귀한 것은 없다.

울어야 할 자리에서 웃는 자가 있다.

지혜가 없어서 이다.

분내며 훈계함은 침묵함만 못하다.

힘들어 하는 노인의 짐을 젊은이가 들어 주었다.

그 날은 종일 기분이 좋았다.

안정된 삶은 자칫 도전의 기회를 놓치기 쉽다.

때로는 슬퍼하지 않아야 할 일을 두고 슬퍼한다.

축복의 출발임을 몰라서 이다.

진정한 자유는 나의 삶을 주님께 맡기는 것이다.

자기관리에 땀이 없는 사람은 타인의 충고도 외면한다.

매사에 자기주장만 내세우는 자와의 논쟁처럼 어리석음도 없다.

한면만 보고도 다 본것인양 과장하기도 한다.

이것은 자신이 거짓의 사람임을 드러내는 이유이다.

지난날의 교훈을 외면하는 것처럼 어리석음도 없다.

이것은 무지 이든가 교만이다.

부를 외면하는 사람은 없다 그러나 지혜로운 자는 불의한 부는
외면한다.

우리가 있어서는 안될 곳에 서있을 때 그 자리에서 우리를 이끌
어 내시는 하나님의 사랑을 깨닫는 지혜는 기도의 산물이다.

삶을 돌아보면 우리는 선을 행할 수 있는 많은 기회를 놓치며 살아왔다.

그 시작이 사랑이 아니면 결코 성공할 수 없다.

사랑과 위선을 분별하는 힘은 지혜이다.
그리고 이 지혜의 근본은 하나님 이시다.

탐욕과 교만만큼 우리를 무력하게 만드는 유혹도 없다 하겠다.
누구나 이 유혹에 함몰되면 인격과 양심이 기초한 울타리를 벗어나 자아는 실종되고 삶은 부표처럼 떠돌게 된다.

한 시대를 풍미한 위인들도 마찬가지였다.

탐욕과 교만은 하나님이 가장 싫어하는 것들 중의 가증한 것들이기 때문이다.

그래서 성경은 교만은 패망의 선봉이요 넘어짐의 앞잡이요 돈을 사랑함은 만악의 뿌리라 하고 있다.

사랑 안에는 항상 넉넉함이 있다.

긴 여정에서 진정한 친구를 만나기란 쉽지 않다.

그러나 꼭 많은 수의 친구가 필요한 것은 아니다.

위기속의 나를 알아주는 사람은 열 사람의 몫을 해준다 하겠다.

용기없는 사람은 사랑을 베풀 수 있는
위대한 시간을 놓친다.

빛은 항상 어둠을 이긴다.
주님은 세상의 빛으로 오셨음을 잊지 말자.

고독이 때로는 우리의 양식이 됨을 잊지 말자.
그 안에서 깨닫고 보는 것들이 많아서 이다.

많은 부의 길을 외면하는 사람도 있다.
많은 소유만이 부자가 아님을 알아서 이다.

후회없이 산다는 것은 어려운 일이다. 그러나 푸른 하늘 아래서
마음껏 호흡할 수 있는 건강과 자유를 누림은 성공한 삶일 수 있다.

탐욕의 배부름으로 이웃을 슬프게 하는 일 없도록 사는 것은 우

리의 시작이요 마지막의 의무이기도 하다.

우리는 삶의 여정에서 많은 선택의 기회가 있다.

그러나 지혜롭지 못한 선택은 우리를 슬프게 한다.

우리의 삶에서 기도가 멈추면 삶은 흐트러지고 우리의 결단이나
행위도 많은 오류를 범하게 된다.

나와 생각이 다르다는 이유로 상대를 배척하거나 질시하지 말
라.

그는 내가 보지 못하는 곳을 보고 있기 때문일 수도 있다.

꿈은 한사코 땀을 요구한다.

꿈은 땀을 먹고 자라기 때문이다.

남의 것을 제것인양 취하는 자가 있다.

그러나 그 소유의 끝은 아름답지 못하다.

하나님의 뜻이 아니기 때문이다.

생각만큼 자유를 누리는 기능도 없다.

그런데 우리는 왜 창조적인 사고에 인색한가.

고마운 모습으로만 살 수 없는 것이 삶이기도 하다.

　그러나 때로는 넘어지고 상처받음도 주님께서 우리에게 주시는
사랑의 모형이시다.

　나보다 강한 자나 약한 자나 나에게 보여 주며 깨닫게 하는 교
훈이 있다.

　상처가 없고 허물없는 사람도 있을까

　그러나 자기는 순결한척 하는 사람도 있다.

　간음한 여인을 에워싼 무리가 여인을 향해 돌로 치려할 때 주님
께서 말씀하셨다.

　너희 중에 죄 없는 자 부터 이 여인을 치라고

　그러자 나이든 자 부터 돌을 버리고 떠났다 하였다.

　나이든 자 부터라는 말은 우리에게 의미심장함을 준다.

어느날 감격하며 다가왔던 자가 침을 뱉고 돌아서 기도한다.

땀을 흘릴 때 외면하고 웃을 때 다가오는 자는 친구가 아니다.

삶이 고귀하듯이 수단도 아름다워야 한다.

추하게 늙지 않기 위한 젊은 날의 꿈은 빛이 난다.

왜 사는가라는 명제는 누구에게나 주어진 것이지만 답은 각자
의 몫이다.

나의 웃음이 타인의 아픔 때문이라면 저주이지 웃음이 아니다.

보이는 것이 전부인줄 착각하는 것처럼 어리석음도 없다.

용기는 진실에서 비롯된 힘이다.

잘못된 나를 이기는 궁극의 힘은 하나님께 구하는 것이 가장 현
명한 방법이다.

구하는 것이 다 기도인줄 착각하지 말자.

하나님의 뜻에 합당한 것을 구하는 것이 기도이다.

수다는 대개 과장에서 오는 것들이다.

권모술수를 지혜인줄 착각하기도 한다.

사단을 하나님으로 착각하는 것과 다를 바 없다.

조용히 도울 수 있는대로 드러내며 행하기도 한다.

돕지 않음만 못한 부끄러운 일이다.

감사하기를 더디 하지 말라.
묻어둠 보다는 드러냄이 유익이다.

삶이 힘들 때 마음을 털어놓을 수 있는 상대가 있는 사람은 행복한 사람이다.

진정한 친구는 그저 주고싶은 대상이지 무엇인가를 내게 주기를 바라는 대상이 아니다.

고난의 날에 나를 도운 사람을 잊을 수 있을까
그러나 같은 사랑을 나도 베풀 때 그 사랑은 생명력을 지닌다.

필요없는 자랑은 화를 불러 온다.

극한의 주림 앞에서는 인격이나 체면은 힘을 잃는다.
그러나 그것은 부끄러운 일이 아니다.

신앙이 위대함은 유한한 자기 힘으로 사는 것이 아니고 무한한
하나님의 힘으로 사는 것이기 때문이다.

가장 악한 일은 강한 자가 약한 자를 핍박하는 것이다.

신앙의 궁극의 목적은 사랑안에 거하는 것이다.

생명의 본질은 사랑이다.
그러기에 모든 일들은 그 출발부터가 사랑이어야 한다.

생각을 바꾸면 말이 바뀌고 말을 바꾸면 삶이 바뀐다.

위대한 삶은 모두가 사랑에서의 행함이었다.

우리를 지키는 길은 사랑이 아니고는 없다.

그리고 승리하는 길도 사랑이 아니고는 없다.

나의 만족을 위하여
타인의 몫까지 취하기를 즐기는 자는
그것을 되돌려 줄 때 고통도 함께 한다.

주리는 자 앞에서 부의 자랑은 어리석음의 표본이다.

이웃의 사랑을 비하한다 그러나 그 사랑을 자신이 하였을 때는
산처럼 부풀린다.

나의 손이 나의 등도 다 만지지 못한다.
우리는 이토록 무능한 존재이다.
내일은 우리에게 엄청난 선물이다.
무위하게 허비하지 않았을 때의 일이다.

사랑은 지극히 작은 일에서도 필요하다.
그러다 보면 우리는 어느새 사랑의 사람이 된다.

팔이 건강할 때 많이 사랑하자 내몸의 힘이 진하면
주고픈 사랑도 줄 수 없다.

조국을 위하여 기도하지 않는 사람은 이상한 사람이다.
그런데 조국은 원망하는 사람도 있다.
우리는 어머니의 사랑 안에서 주님의 모습을 보기도 한다.

내가 주릴 때 짜장면 한 그릇을 그저 주면서 배고프면 또 오라 하
였다. 그분의 사랑을 잊을 수 있을까.

내가 살아있는 시간만큼 귀한 시간은 없다.
울며 보채며 우는 아이에게 그때마다 응해 준다면 그 아이는 성
장해서도 건강한 삶을 누리기 힘들다.

꿈이 귀하다 여기면 버리지 말라.
동토의 땅에서도 봄을 기다리는 생명의 뿌리들을 보면서 내게도
서러운 날이 있었다.

추위와 주림이 힘들었다.

나의 이름이 빛나지는 못할지라도

침 뱉음의 대상은 되지 말아야겠기에

나는 오늘도 땀을 흘린다.

침묵해야할 시간에 하는 말은 하지 않음만 못하다.

서로가 서로에게 도움을 주는 삶은 아름답다

이것을 깨뜨리는 폭군이 있다 미움이다.

올해가 지나면 나도 여든이다 살아온 날들이 부끄러워도 울면서

기도하든 날들의 모습은 나를 기쁘게 한다.

내손에 미치지 못하는 곳에 있는 것을 내게로 이끌어오는 힘은

기도이다.

기도의 위대함을 모르는 사람은 기도하지 않는다.

항상 나의 편이라 믿었던 사람도 어느날 나를 버릴 수 있다.

상대가 나를 아프게 한다고 나도 같은 일을 한다면 어찌 상대를
나무랄 수 있을까

때로는 슬퍼도 참을줄 아는 사람은 기쁨도 조용히 누릴줄 아는
지혜로운 자 이다.

이웃의 가벼운 미소에도 때로는 큰 힘을 얻는다.
이것을 아는 사람은 같은 것을 베푸는데 주저하지 않는다.

교만하다 넘어지면 외면하여도 겸손한 자가 넘어지면 도움이
온다.

하나님 앞에서는 자기를 낮출수록 자기 삶에 도움이 된다.
하나님은 겸손한 자를 사랑하시기 때문이다.

성실하게 사는 것도 중요하지만 하루를 돌아보는 시간이 주는
의미는 더 크다 하겠다.

때로는 숙고해야할 시간도 있다 그러나 그 시간 까지도 일상의 삶속에서 허비해 버린다면 성장은 더딜 수밖에 없다.

때로는 힘이 들어도 힘들어 하는 이웃의 손을 잡아 죽자 가벼운 도움에서도 큰 힘을 공급 받기 때문이다.

많은 사람들이 침륜에 빠져 도움을 요청한다.

수많은 처방이 있을 수 있다. 그러나 그 처방의 대부분이 인간으로부터 오는 지혜의 산물이다. 그러나 유한한 인간의 지혜에 의지 말고 하나님께 구하라.

높은 곳은 항상 추락의 위엄을 안고 있다.
굳이 타인을 밟고까지 올라가야할 이유가 있을까

비록 오늘은 힘이 들어도 내일이라는 시간이 나에게 힘을 준다.

침묵할줄 아는 사람은 훗날 필요없는 올무에서 비켜 간다.

우리의 지혜는 누구에게나 한계가 있다.
그러나 하나님의 지혜는 무한하시다.
우리가 기도해야 하는 이유가 여기에 있다,

삶은 고단해도 땀은 열매가 있다.

어느날 낙원의 꽃밭을 지척에서 보았다.

많은 세월이 지난 지금에도 그때의 감격이 식지 않는다.

누구나 자기 자신을 옳은 판단을 하고 있다 믿는다.

그러므로 자신의 오류에 대한 타인의 지적에 선뜻 동의하기를

싫어한다.

매사에 경제적인 논리에만 집착하다 보면 지극히 삭막해진다.

희생은 경제적인 논리로만 설명되지 않는 값어치를 지니고 있

다.

신앙의 모습이 세인의 눈에는 자기 의지나 신념을 상실한 무기

력한 삶을 보이기도 한다. 그러나 자기 의지나 신념을 하나님 앞에

내려놓는 일은 누구와 할 수 있는 일이 아니다.

기쁨이 없는 삶은 미래의 꿈도 지워 버린다.

기쁨은 하나님이 우리에게 주시는 삶의 에너지이기 때문이다.

목표를 정하였으면 기도하라 선한 목적을 위한 목표인가의 확인

을 위해서 이기도 하다.

자유할 수 있으면 자유하다 그러나 타인에게
상처를 주면서까지 누리는 자유이어서는 안된다.

고독은 저마다의 모습이 있다.

그러기에 우리는 군중속에서도 때로는 외로워 운다.

허리굽은 노인의 모습이 슬퍼 속으로 울었다.

나도 어느새 늙어 백발이 되었기에.

평안의 시간에는 자칫 자만하기 쉽다.

그러므로 더깊은 기도를 해야할 시간이다.

내일도 우리에게 있으라는 보장은 없다.

시간의 주인은 하나님이시기 때문이다.

많은 사람들이 타인의 삶을 모방하려 한다.

우리에게 그럴 시간이 어디 있단 말인가

삶은 누구에게나 자기의 길이 있기 때문이다.

자기가 있을 자리가 아닌데도 그 자리를 지키며 상처를 받는다.

그러나 그것은 얻는 것보다 잃는 것이 많다.

삶은 유한한데 불필요한 것들 까지도 놓지않으려 한다.

그중에는 탐욕과 교만도 있다 버리고 가면 그리 가벼운 것을.

이웃의 상처가 나의 상처처럼 아프게도 한다.

왜일까?

이웃은 우리에게 그만큼 가까운 존재이기 때문이다.

자유는 소중하나 누리는데는 지혜가 지키는대로 힘이 필요하다.

삶속에서 세월의 무상함을 느끼지 않는 사람은 없다.

그러나 백발을 이고도 후회가 없는 사람은 행복한 사람이다.

다 떠난 자리에서 혼자 울 때가 있다.

그러나 어느날 그 아픔과 고독이 얼마나 귀한 주님의 사랑이었
나를 깨닫고 운다.

주님께서 우리에게 주시는 사랑의 신비이다.

상대가 나보다 더 약하다 느꼈을 때 우리는
그 이웃을 더 사랑해야 할 의무가 있다.

우리는 하나님 사랑하는 삶을 성경에서 배운다. 형제들중 가장
작은 자에게 하는 것이 하나님 사랑하는 삶이라고.

좋은 뜻의 결심도 인내가 따르지 않으면 무의미하다.

환경은 풍요로운데 심히 가난한 자를 본다. 이런 사람은 자기 소
유에 손댐을 싫어한다. 그러나 환경은 평범한데 마음은 심히 풍요
로운 자가 있다. 이런 사람은 힘든 이웃 앞에서 자기만의 배부름
을 싫어한다.

사랑이란 말처럼 우리의 생활속에서 사용되는 말도 그리 흔치
않다. 그래서 우리는 때로는 사랑에 대해 혼동한다.

술과 함께 하는 맹세나 다짐처럼 허무한 것도 없다.

자유에는 항상 땀의 무게가 있다.

진실만큼 건강한 삶도 없다.

그리고 정직한 삶만큼 평안한 삶도 없다.

삶이 온통 자기 이익을 위한 아우성이다.

누구에게나 자기 이익을 추구할 권리는 있다.

그러나 드러나지 않은 곳에서 나도 위하고 남도 위하여 땀흘리

며 살아가는 분들도 있다. 우리를 지켜주는 힘이요 우리가 때로는

힘들어도 실망치 말아야할 증거이다.

주님께서 우리에게 주시는 사명은 대개가 고독한 중에서 시작되

고 이루어짐을 본다.

존재하는 모든 것은 지은 분이 있기 때문이다.

"나는 누구일까?"

이 의문에 답을 얻은 자는 행복한 사람이다.

자유는 날개처럼 어디든 갈 수 있고 누리는 줄로만 착각하기 쉽다.

그러나 진정한 자유는 하나님의 의지안에서 나를 가두는 일이다.

사랑에 값을 요구한다면 그것은 이미 사랑이 아니다.

그러기에 사랑은 아름답다.

나의 나뉨이 자신의 힘인양 생각할 때 그는 이미 많은 것을 잃
은 자 이다.

후회 후에 되돌릴 시간이 있는 자는 행복한 자이다.

그러나 그 기회를 놓쳐서는 안된다.

삶은 주어진 시간동안 무엇으로 채우느냐에 따라 평가된다.

깊은 사랑에는 표현을 불허한다. 그러기에 가볍게 드러내는 사
랑에는 깊이가 없다.

고독은 삶의 깊은곳 까지를 보게 한다.

내일이 옴을 믿음같이 천국이 있음을 믿는 사람은 행복한 사람
이다.

남이 하니 나도 할수 있다는 생각처럼 오만하고 어리석음도 없다.

그가 흘린 땀과 능력이 내게도 있는지 부터의 확인이 중요하다.

심은 곳에서 거두는 것은 불멸의 진리이다.

하늘의 무수한 별들을 보노라면 나자신이 더없이 외소해 보인다.

그런데 놀라운 것은 주님은 우리에게 이렇게 기도하라 하신다.

"하늘에 계신 우리 아버지여…" 라고 이는 전능하시고 무한하신 하나님의 우리에 대한 약속이요 사랑이시다.

타인의 희생 위에서 자기만의 행복은 착취다.

진정한 만족은 더불어 누리는데서 얻어진다.

마음의 평정이 없을 때 미래를 계획함은 어리석은 일이다.

마음이 잠잠할대 주님 앞에서 계획하라. 주님이 도우실 것이다.

오늘 일을 내일로 미루지 말라. 내일은 나에게 약속된 날이 아닐 수도 있다.

　밤같은 날에도 기도를 쉬지 않는 사람은 결코 좌절하지 않는다.

　아무도 가지 않는 길을 가는 것처럼 힘든 일도 없다.

　그러나 그 고독한 길에도 하나님이 함께하시면 실망할 이유가

없다.

잠시 걸음을 멈추고 나를 돌아보는 성찰의 시간이
얼마나 유익한 것인가를 아는 사람은 길이
아닌 곳에 오래 있지 않는다.

타인의 삶을 쉽게 평가해 버리는 사람도 있다.
그것은 쉽게 지울 수 없는 무서운 죄 이다.

하나님은 항상 우리를 알고 계시며 알고 계심을 믿는 사람은 행
복한 사람이다.

신앙의 궁극의 목적은 주님 안에서 살다 주님 안에서 죽는 것이
다.

우리의 삶을 힘들게 하는 것 중의 하나가 탐욕이다.
탐욕은 우리에게 필요한 것도 필요의 양이 있음을 부인한다.
그리고 있어서는 안될 불필요한 것들 까지도 요구한다.

마음에 평안을 누리는 자처럼 부를 누리는 자도 없다.

나쁜 습관을 방치하는 것처럼 어리석은 일도 없다.
그것의 반복은 파멸이기 때문이다.

가볍게 여기던 이웃이 어느날 우리에게 소중한 이웃임을 깨닫는
다. 타인의 눈에 그렇게 보이던 우리도 마찬가지다. 삶은 더불어
사는 것이기 때문이다.

가증한 위선은 그 끝이 항상 슬프다.

불필요한 논쟁을 즐기는 사람이 있나 하면 논쟁 자체를 기피하
는 사람도 있다. 그러나 두 가지 모두를 경계하지 않으면 안된다.

타인이 주는 칭찬도 가려서 들을 줄 아는 지혜가 있어야 하겠거
늘 자화자찬은 더더욱 무익한 어리석음이다.

고난의 때에 짐을 함께 져주고 삯을 요구한다면 친구가 아니다.
그런 일은 누구나 할 수 있기 때문이다.

하찮은 일에 목숨을 걸다시피 싸우기도 한다.

왜일까? 그러나 마음이 열린 사람은 이것이 마귀의 유혹임을 안다.

사랑에는 여러 가지 모양이 있듯이
나라를 사랑함도 마찬가지다.

　일상의 영역에서 매사의 질서의 존중이 나라 사랑의 첫째임을 잊기 쉽다. 영원히 살것처럼 생존에만 집착하다 보면 삶의 자체를 보는 지혜를 잃는다.

　자기 자랑에 취한 자에게는 쉬어갈만한 그늘이 없다.

　진정한 사랑은 항상 자기 희생 위에서 이다.
　그러므로 우리는 이익의 추구를 사랑이라 하지 않는다.

　더불어 사는 길이 아름다워 보여도
　때로는 혼자서 가야 하는 여정이 있다.

　고운 심성을 가진 사람은 삶도 항상 아름다운 목표를 향하고 있다.

만인이 옳다 하여 다 옳은 것은 아니다.

대중을 선동한 미혹이 역사의 주인인양 한 예가 허다하다.

대중이 환호하는 승리만이 승리가 아니다.

삶의 유혹 앞에서 자기를 지킨 승리 또한 위대한 승리이다.

많은 학식을 가지고도 덕을 쌓을줄 모르는 사람은 무지한 자 보다 더 어리석은 자 이다.

삶에는 여러 가지 모양이 있는 것 같으나 그러나 누구나 삶의 목적은 자기 욕망의 추구이다.

때로는 세상의 칭찬이 나를 넘어지게도 한다.

아픈 말을 하고도 사랑하기 때문인양 한다.

씨를 뿌리면 거두어야 한다는 진리를 몰라서이다.

사랑은 베풀어도 왜 마르지 않는가

우리에게 공급하는 분이 계시기 때문이다.

소유에 대한 애착은 누구에게나 같다. 그러나 그것을 버려야할 때 버릴 수 있는 지혜와 용기는 다르다.

미루기를 좋아하는 자는 게으른 자이다.

강한 자는 때로는 불의 앞에서도 침묵하며 인내한다.

약한 자는 지체없이 자기를 드러내는 우를 범한다.

손을 내밀어 도와야할 상대를 외면 하였을 때 가장 먼저 알고 나를 책망하는 자는 나 자신이다.

길은 보이는 길과 보이지 않는 길이 있다.

신앙은 우리에게 두 길을 다 보여 주신다.

의인들의 삶이 우리에게 보여주는 것이 있다면 용기가 필요할때 그것을 포기하지 않았다는 사실이다.

사랑에는 항상 온유함이 함께 한다.

온유와 미움은 함께 할 수 없기 때문이다.

행복을 놓치고 싶지 않으면

다가온 행복에 감사하라.

앞서 가는 자를 시기하지 말고

그에게서 배울 것이 무엇인가를 찾으라.

길이 아닌 길을 억지로 가면서 그것이 마치 용기인양 착각한다.

진정한 용기는 의로운 길을 가면서도 굽히지 않는 것이다.

지혜로운 삶은 힘이 들 때 쉬어갈 줄도 안다.

그것이 자신을 사랑하는 지혜이다.

살아온 삶에서 배우기를 싫어하는 사람은

어리석은 자이다.

이 세상에 어머니란 이름처럼 감동을 주는 이름도 없다.

그분은 희생의 모델이요 사랑의 모델이기 때문이다.

빠른 것이 좋은 것인양 착각하는 사람은 매사에 서둘러 자신을

피곤하게 한다.

자기만큼 자기를 잘 아는 자도 없다고 착각한다.

자기만큼 자기를 모르는 자도 없다.

자기를 비하하는 자는 비극의 자리에서 벗어나기 힘들다.

아픔을 이기고 우뚝 선 자화상을 볼줄 아는 용기가 필요하다.

아픔이 없는 성공은 없다.

아픔과 성공은 불가분의 관계이기 때문이다.

자기만을 위하여 축적하는 부는 부가 아니다.

그것은 탐욕의 노예일 뿐이다.

성경에는 우리의 의문마다에 답이 있다.

그러나 믿지않는 사람이 매우 많다.

자신이 내뱉은 사나운 언어의 상처는 결국은 자기 것임을 모르는 자가 많다.

사랑처럼 순수한 것은 없다.
그안에 다른 의미가 있다면 그것은 사랑이 아니다.

기도만큼 우리의 삶을 순수하게 하는 힘도 없다.

사랑과 봉사를 특별한 일인양 생각하면 피곤하다.
그러나 삶의 일부라 생각하면 항상 기쁘고 행복하다.

놀라운 것은 내가 존재한다는 사실이다. 그러나 더 놀라운 것은 이 사실에 감사하는 일이다.

사랑의 수고는 땀의 양에 관계없이 아름답다.

막연한 내일에 대한 기대와 구체적인 꿈을 갖고 기대하는 내일은 같을 수 없다.

어떻게 사는 것이 승리하는 삶인가

기도중에 들은 말씀이다.

"사랑하며 살아라"

취하고 싶어도 취해서는 안되는 것들이 있듯이
버리기 싫어도 버려야 하는 것들이 있다.

가증한 유혹은 항상 사랑이란 위장의 옷을 입었다.

꿈은 항상 눈물과 고독을 요구한다.
그러나 이 양식을 먹지 않은 꿈은 소멸한다.

악은 여러 가지 모양으로 우리 안에 자리하려 한다.
힘들어도 싸워야 할 것은 그것들이 자리한 후에는 더많은 땀이
요구되기 때문이다.

감격의 체험들은 두고 두고 우리에게 기쁨의 힘을 공급해도 상
처로 남은 체험들은 두고 두고 우리를 아프게 한다.

다수의 의견이 소수의 의견을 앞서는 것은 대중의 힘이지 그들

의 주장이 꼭 옳아서만은 아니다.

　감사할줄 모르는 자가 사랑을 말함은 위선이다.
　감사와 사랑은 지극히 가까운 모습이기 때문이다.

　노인의 모습이 어느날의 내 모습임을 깨닫는 자는 젊음을 무례히 낭비하지 않는다.

　우리의 소유가 누림의 양에 넘칠때부터 우리는 자유에서 멀어지기 시작한다.

　용서에는 아픔의 따른다. 그러므로 용서는 아름답다.

　높은 곳은 낮은 곳을 지배한다는 생각만큼 모습도 없다.
　서로가 존재하기 위한 질서요 조화일 뿐이다.

　양의 많음이 부의 상징인양 착각하지 말자.
　필요한 양만큼의 부는 없다.

서로를 배려하고 존중할 때 삶은 빛이 난다.

그러나 자기 이익만을 추구하는 삶은 많은 질서를 파괴한다.

칭찬에 춤을 추는 자는 칭찬받을 자격이 없다.

삶의 궁극의 목적은
나와 타인에 대한 사랑이어야 한다.

미움의 감정만큼 자신의 삶을 황폐케 하는 힘도 없다.

언어가 지닌 힘을 아는 자는 평소의 대화에도 자기 지혜를 다 쏟
는다.

베푸는 것을 나의 터에 씨를 뿌리는 일로 여기는 자가 있나 하면
내것을 빼앗기는 상실인양 여기는 자가 있다.

내일로 미루지 말라 시간은 항상 우리를 기다리지 않는다.

행복한 만남은 항상 우리를 신선하게 한다.

고난의 때를 잊지 않는 사람은

부 안에서도 자기를 잃지 않는다.

자랑은 내가 하는 것이 아닌

타인이 주는 선물이어야 한다.

해는 동에서 뜨고 서쪽으로 진다.

진리로 이처럼 변하지 않는다.

비굴함을 겸손인양 속이지 말라.

용기 없는 자의 수치일 뿐이다.

우리가 저주를 위해 땀을 쏟을 때 하나님은 슬퍼하신다.

복을 위해 쏟으라.

사랑하는 사람에게는 왜 아무리 주어도 부족함을 느낄까

이는 사랑의 힘 때문이다.

인간관계의 단절만이 고독인줄 착각하기 쉽다.

그러나 하나님과의 단절만큼 무서운 고독은 없다.

신념과 신앙은 다르다. 믿음의 조상 아브라함이 고향 친척 아비 집을 떠나 미지의 땅을 향해 떠남도 신념과는 무관한 하나님을 믿는 신앙 때문이었다.

위대한 삶은 누구나 살 수 없다.

위대한 꿈이 없는 사람은 위대한 삶을 살 수 없다.

하고싶은 말을 다 하고 살 수 없다.

그러나 못다한 말이 한 말보다 유익할 때가 이다.

감사하자. 또 감사하자. 오늘 아침도 건강하게 기상할 수 있음을.

사랑도 지혜없이 베푸는 사랑은 오해를 부를 수 있다.

그러기에 내가 이웃을 돕는데도 거기 상당한 이유가 있어야 한다.

긴 침묵 끝에 한마디는 긴 시간의 수다보다 낫다.

자신을 다듬는 일은 살아있는 동안에 멈추어서는 안될 일이다.

따뜻한 칭찬을 아끼지 말아야 할 곳에 인색함음
자기의무의 포기 이기도 하다.

허식이 아닌 진정한 감사는
서로를 기쁘게 한다.

우리가 살아가면서 힘들어 하는 대다수의 짐은 스스로가 자청한
것이기도 하다. 탐욕과 교만을 지우려 한다면 우리의 어깨에서 내
려놓을 수 있기 때문이다.

나의 수중에 항상 재물이 있어서 나쁠 것은 없다.
그러나 때로는 감당할만한 빈곤의 체험도 도움이 된다.

남이 하니 나도 할 수 있다는 생각은 오산이다.
서로가 사는 목적과 목표가 다르기 때문이다.

자기를 드러내고 싶은 것이 사람의 본능이다.
그러나 겸손은 이를 말린다.

친구에게 진 빚을 쉽게 잊을 수가 있다.

그러나 그 빚은 오래 오래 사랑으로 자리하고 있다.

우리가 감당해 하는 일들 중에는 짐으로 느끼는 무게만큼 기쁨
을 주는 일도 있다

다투지 않기를 힘쓰는 자를
약한 자로 치부하는 어리석음도 있다.

필요이상의 친절에는
보이지 않는 그늘이 있다.

기억은 유한하나 아름다운 추억은
두고 두고 자기 모습을 지우지 않는다.

진정한 자유는 스스로 불의에 얽매이지 않는 것이다.

불의에 짝짓기를 좋아하는 자는 어느날 부터인가
자신이 어디에 서있는지 조차 분별하지 못한다.

인정이 흐르는 곳에는 왠지 훈풍이 분다.
그러나 시기와 다툼이 있는 곳에는 왠지 찬바람이 분다.

내가 타인을 도울 때 감사해야 함은

나에게 그런 힘이 있다는 사실이다.

세상에서 가장 귀한 것은 무엇일까

자신임을 아는 자는 별로 많지 않다.

자기 직업을 업신 여기는 자는 불행한 사람이다.

나의 도움으로 누군가가 일어섰다면 그것으로 만족하라.

더 이상의 생각은 서로를 힘들게 한다.

아무도 나의 편이 되어주지 않는다고 슬퍼 말라.

진리앞에 순종하면 언제고 자신의 선택이 옳았음을 알게 된다.

아름다운 우정은 친구가 위기에 처했을 때 드러난다.

남의 삶을 흉내만 내다 끝나는 사람도 있다.

자기 모습이 없는 삶은 부끄러운 삶이다.

웃고사는 삶을 싫어할 사람은 없다.
그러나 웃음이 많은 사람은 신뢰감이 떨어진다.

도둑은 남이 숨겨둔 것에만 관심이 있다.
시기심이 많은 사람은 타인의 허물 찾기에 바쁘다.

나의 자랑 때문에 타인의 수치가 드러난다면 침묵하다.

겸손과 소심함이 다르듯이
만용과 진정한 용기는 다르다.

나의 나뒴을 자랑치 말라.
겸손은 끊임없이 나를 채우는 지혜이다.

발에 밟힐 듯 가까이 있는 봄이라도
교만한 자에게는 과하다.

큰소리로 떠들기 좋아하는 자는

겸손의 자세가 무엇인지 모르기 때문이다.

사사로운 일에 얽매이기를 잘하는 사람은

자유할 수 있는 시간이 별로 없다.

결단은 힘이 든다.

그러나 그로 인해 더는 얽매이지 않는다.

작은 일에 크게 분노하는 자가 있다.

감정은 다스리는 훈련이 부족해서 이다.

침묵의 훈련이 잘되어 있는 사람은

자기를 지키는데 도움이 된다.

우리의 사정을 하나님처럼 잘 아는 분은 없다.

이것은 진리이다.

버려야 할 것은 버리는 용기는

지혜로운 자의 힘이다.

가벼운 실수나 실언에도 성의를 다해 사과하면
도리어 덕이 될 수 있다.

평소에 잘 다듬어진 언어 쓰기를 좋아하는 사람은
평소의 삶도 잘 정리 되어 있음을 본다.

큰 부는 아니어도 재물을 지혜롭게 사용하여
칭송을 받는 삶은 누구나 본받을 지혜로운 삶이다.

허장성세만큼 어리석은 행위도 없다.
자기의 빈곤함을 스스로 드러내게 때문이다.

진정한 꿈인가를 확인하기 전에는 가슴에 품지 말라.
스치는 생각일 수도 있다.

언어의 유희는 자유여도 그말을 지키지 못하면

아니하였음만 못하다.

영광은 고귀한 것이로되

땀과 눈물을 요구한다.

잔인한 이웃의 행위에 복수하고 싶을 때 하나님은 우리에게 놀라운 방법을 일러 주신다. 하나님께 맡기라고.

고아가 슬픈 과거가 없다면 거짓말이다. 그러나 살아오면서 상처를 보듬는 지혜도 배워 견디어 간다.

이웃에 대한 작은 보탬이 어느날

산처럼 되어 돌아온다.

많은 말 중에 왜 가시같은 말로 아프게 하는가

상대도 같은 말을 할 수 있음을 알라.

무리한 기대는 실망도 크다.

육신의 눈은 앞만 볼 수 있어도
마음의 눈은 그렇지 않다.

사랑에 목이 마른 사람은
조그마한 사랑에도 목이 매인다.

사랑할 수 있는 사람은 행복하다.
고아는 그 아픔을 잘 안다.

삶은 빈곤해도 당당한 사람이 있다.
그 사람의 내면은 풍요롭다.

진정한 꿈은 꿈이 나를 이끌어간다.

자신에 대한 집착이 강한 사람은 타인의 희생을 우습게 여긴다.

그러나 어느날 타인과의 단절에서 오는 아픔으로 운다.

나의 주장을 관철하기 위하여 무리한 수단이나 억압된 강요는

누구에게나 도움이 안된다.

이런 방법은 시작부터가 잘못된 수단이기 때문에 조급함을 버리

고 시간을 더 투자하라.

아름다운 상상은 항상 미소를 동반한다.

그러나 사악한 생각은 자신의 영혼에 상처부터 준다.

떠나버린 자리에서 혼자 견디어 갈 때

대로는 자기 울음이 위로가 된다.

사랑은 여운 만으로도 나를 기쁘게 한다.

사랑의 위대한 힘 때문이다.

약한 자 일수록 자유의 소중함을 깨닫는다. 그러나 힘의 남용을

자유의 누림인양 착각하는 어리석음도 있다.

분명한 목표가 없는 사람은 수많은 유혹에 넘어간다.

하지말아야 할 일을 하고서도 후회가 없는 사람은 같은 실수를
반복한다.

당당해야 할 자리에서 침묵하고 겸손인양 하는 사람을
친구로 하는 자는 어리석은 자 이다.

신중함이 지나친 사람은
용기가 무엇인지를 모른다.

돌아가는 길은 더디게만 하는 길이라 생각하는 사람은
삶의 지혜를 잘 모른다.

삶이 때로는 불같은 투쟁이어도 겸손이 요구되는 자리에서 겸손
하기란 쉽지 않다.

가면을 쓰고 자기 모습을 숨기기 좋아하는 자는
도둑에 비유할만 하다.

과학의 진화가 아무리 눈부셔도

생각의 한 부분일 뿐이다.

지혜로움을 자랑하지 말라.

삶을 통해 드러나지 않는 지혜는 지혜가 아니다.

남이 한 일을 두고 과소평가 하지 말라.

생각하는 자와 행하는 자의 크기는 너무 크다.

물질의 부만큼 자칫 교만하게 하는 것도 없다.

그러므로 부가 도리어 넘어지게도 한다.

꿈의 성취는 절반의 성공이다.

누림의 과정이 남아있기 때문이다.

많은 사람들이 누림의 과정에서 실패한다.

당연한 일을 하고도 자랑처럼 말하는 자가 있다.

자기 자랑에 목마른 자이다.

먼길에는 동무가 있으면 더 좋다.

그러나 진실한 친구이어야 한다.

서로가 자기들 많이 진리라고 떠드는 수많은 목소리가 있다.

시대를 따라 옷을 갈아입는 그들이 진리는 시공을
초월하여 불변함을 몰라서 이다.

잔잔한 물에서는 자기 모습을 본다.
자신을 돌아보는 시간에서도 마찬가지다.

간단한 한마디로 설명이 되는 일을 심히 복잡하게 설명하는 경
우가 있다. 지식의 자랑인양 하지만 듣는 이들로 하여금 혐오감을
갖게 한다.

나도 하겠다는데 거절을 당한다.
평소에 신뢰를 쌓지못한 증거이다.

많은 부의 소유가 자랑일 수도 아닐 수도 있다.
그의 평소의 삶이 정직 하였다면 분명 자랑일 수 있지만
아니었다면 그 부는 자랑의 대상이 될 수 없다.

도덕적인 것과 세상의 법이 꼭 동일할 수는 없다.

그러나 그 순위의 결정은 그 사람의 인격이 결정한다.

상대에게 심히도 혐오감을 주는 자가 있다. 그에게 나쁜 감정이 있더라도 그런 모습은 결국 자기를 힘들게 한다.

오지 말았으면 하고 후회하는 자리에 가기도 한다.

그러나 그 자리에서 불평해 하는 표정보다는 억지라도 밝은 모습이 좋다.

항상 자족하며 살 수는 없다.

그러나 때로는 부족한 중에서도

최소한의 불편함으로 사용할 줄 아는 지혜가 필요하다.

동서고금을 통하여 빛을 남긴 사람들도

때로는 힘들고 그늘진 시간이 있었음을 본다.

상대의 허물을 보는 시간은 나도 괴롭다.

때로는 그 자리에 내가 서 있었음을 보기 때문이다.

어렸을 때 본 아이가 어느날 놀랍도록 다듬어진 모습으로 성장
하였을 때 우리는 기뻐한다.

나의 부족함을 날마다 탓할 수는 없어도 부족함을 배우려 노력
하는 모습은 남이 먼저 안다.

보내고 돌아서면

내게 남은 상처가 더 큼을 본다.

서서히 간다 해서 느린 것은 아니다.

　　무책임한 사람일수록 말이 많듯이 자기 일에 책임을 지는 사람
은 말을 아낀다.

　　열려있는 사람에게는 쉽게 다가간다.

　　높고낮음을 가리지 않기 때문이다.

　　그리고 그는 항상 약한 자에게 더 관심을 갖는다.

　　우리가 조심해야 할 것은 편견이다.

　　지나친 편견은 많은 상처를 남긴다.

　　약한 자일수록 이웃의 도움이 필요하다.

　　그리고 우리의 땀이 조금만 더해진다면 함께 갈 수 있다.

　　상상은 무형의 출발에서

위대한 결과를 가져온다.

때로는 간단한 한마디가

상대에게 엄청난 일이 있게 한다.

조금만 더 참았더라면 하고 후회한다.

인내의 소중함을 알고 나서 이다.

작은 일에 말이 많은 사람은

큰일에는 침묵 한다.

사회가 요구하는 사람은

자기 일에 충실한 사람이다.

불의는 숨고 숨기고 속이고

항상 당당한 자기 모습이 없다.

내일에 대한 희망은
우리를 이끌어 가는 삶의 힘이다.

무위한 서두름은 시작부터 잘못이어도
조용한 사색은 출발을 위한 귀한 자산이다.

아무도 없는 듯인대 나의 하고자 하는 일에
우군들이 나타난다 살아오면서 나도 모르게 뿌린 씨다.

웃으며 다가와도 칼을 든 자가 있음을 본다.

진실이 때로는 밟혀도 그 생명력은 지울 수 없다.

감쪽같이 숨겼다 생각했는데 어느날 세상에 드러나
힘들게 하는 경우가 있다. 불의의 속성이다.

새로운 날은 새로운 출발이다.

날마다 생각을 다듬는 습관은 삶을 신선하게 한다.

꿈이 있는 곳에는 기다림도 있다.

행여 자유를 잃을까봐 몸부림 쳤던 시간

내게도 그런 시간이 있었다.

고아들의 울음 앞에서 나는 가끔 발을 멈춘다.

나의 아픈날 때문이다.

나의 생명만 귀한 것일까 생명은 다 귀한 것을

생명의 존엄함은 너와 내가 다를 수 없다.

인생의 고개를 넘으며 힘들지 않을 수 없다.

우리는 때로는 타인의 도움을 받기도 한다.

그러나 누구도 대신할 수 없는 힘든 고개도 있다.

살아가는데 철망만큼 큰 적도 없다. 그러나 하나님은 우리에게 고난을 주실 때 피할 길도 주신다 하셨음을 잊지 말자.

감사는 항상 사랑의 감정위에
베푸는 향연이다.

지식이 지혜인줄 착각하기 쉽다.

그러나 지혜는 지식을 능가하여도

지식은 지혜를 이길 수 없다.

앞서감을 자랑하지 말고 뒤에 감을 슬퍼 말라.

그러나 내가 진리안에 있는가 밖에 있는가를 확인하라.

하나님을 믿는다 하면서 사람을 붙들고 보채는 것처럼

어리석은 일도 없다. 진실한 신앙인은 먼저 하나님께 기도한다.

사랑은 그 모형이 무한하듯이 그 길도 무한하다.

그리고 사랑의 그 무한한 정점은 주님의 십자가 사랑이다.

내가 누구인가를 아는 것처럼 중요한 일은 없다.
그런데 성경은 이 물음에 밝히고 있다.

이세상에 가장 어리석고 잔인한 행위는 자학이다.

감정을 드러내어 다투고 적이 되기 보다는
침묵이 더 좋다.

휴식을 시간의 낭비인양 착각하기도 한다.
그러나 휴식 또한 미래를 설계하고 이끌어가는
귀한 동력임을 잊어서는 안된다.

남을 밟아가며 웃는 자가 있다.
자기도 언제인가는 밟힌다.

때로의 깊은 사색은 우리의 삶속에서
놓쳐서는 안될 귀중한 시간들이다.

극히 짧은 한마디가 그사람의 인격을 대변하기도 한다.

자기 의지를 쉽게 포기해 버리는 사람도 있다.

그것을 위해 투자한 시간과 땀을 잊은 듯이

고독만큼 자기를 강하게 하는 훈련도 없다.

고난의 의미를 아는 사람은 밤같은 날들의 눈물을 쉽게 잊지 않는다.

소문은 소문일 뿐이다. 그것을 확인하지 않고
믿는 것은 지극히 어리석은 일이다.

자기 자리에서만 사물을 보고 판단하면 자기 아닙에서 벗어날
수가 없다. 지혜로운 사람은 타인의 자리에서도 보는 훈련도 쉬
지 않는다.

밤을 낮처럼 사는 사람도 있다. 부지런해서 일수도 있고 빛이 싫
어서 일 수도 있다.

잠잠해야 하는 일에 심히 소란을 피우는 자가 있다.
여기에는 항상 좋지못한 동기가 함께 하고 있다.

목적이 분명하고 아름다우면 힘들어도 견딜 수 있다.

확실치 않은 일에 동참하는 것처럼 어리석은 일이 없다.

진정한 상부 상조야 말로

기쁨은 배가 되고 슬픔은 반이 된다.

남들은 기뻐하는데 내게는 다가오지 않을 때가 있다.

삶의 무게가 주는 괴로움 때문이다.

사랑하는 자를 기다리는 것처럼

행복한 시간은 없다.

사랑에도 절제가 없으면 자칫 상대에게 오해를 줄 수 있다.

그러므로 일상의 범사를 지혜안에서 행하는 습관이 필요하다.

사랑의 교류가 단절된 삶은 생각만 해도 삭막하다.

사랑의 생명은 베푸는데 있기 때문이다.

한순간의 실수가 많은 날의 슬픔이 되기도 한다.

그리고 그 아픔들은 우리의 삶에 새로운 에너지가 되기도 한다.
삶의 신비이다.

상대가 나에 대한 오해로 불편해할 때 진실을 이해할 때까지 기
다리는 시간은 낭비가 아니다.

지식에 전념하다 자신의 지식에 심취하기 쉽다. 무서운 함정이
다.

몸을 부딪히며 사는 자 많이 이웃인줄 착각할 수 있다.
그러나 성경이 말하는 이웃의 개념은 다르다.

삶은 끊임없이 씨를 뿌리고 거두는 작업의 반복이다.
그러므로 게으른 자와 부지런한 자 와의 거둠에 차이가 있기 마

련이다.

참 이상하다 나의 삶은 내가 주인인 듯 한대 나의 뜻대로만 되지
않는다. 성경은 이에 대한 비밀을 밝히고 있다.

사람이 마음으로 자기 일을 계획할지라도 그 걸음을 인도하시는
이는 여호와시라고.

때로는 힘이 들어도 사랑의 베품에는 기쁨이 동반할까
이 의문은 사랑을 해본 자들만의 경험이다.

놀라지 말자. 의로운 일에 흘린 땀처럼 귀한 것도 없다.

저나친 과잉의 친절이나 사랑은 상대의 마음을 긴장시킬 수 있
다. 그러므로 우리는 사랑도 친절도 질서안에서 베푸는 것이 좋다.

준비없는 삶은 자신에게 다가온 소중한 기회를 놓치기도 한다.
분주하기만 하고 질서없는 삶을 의미한다.

선행의 보답을 기대하는 삶은 시작부터가 잘못이다.

권세에는 주어진 힘도 함께 있다.

의로운 열매를 위해 쓰라는 힘이다.

부정할 수 없는 현실 앞에서 때로는 믿어지지 않는 경우가 있다.

가버린 시간 앞에서 쇠하여 버린 자신의 모습 때문이기도 하다.

육체의 건강도 지혜와 함께 누릴 때
그 삶은 조화를 이룬다.

나의 삶이 존엄하면 타인의 삶도 마찬가지다.

남의 소유를 자기 것처럼 누린 자가 마지막 피해가는 곳에서는
양심의 참소가 길을 막는다.

지혜롭지 못한 무모한 사랑은
자칫 상대에게 짐이 된다.

기도가 위대함은 하나님을 움직이는
힘이 있기 때문이다.

나자신을 아는데 타인의 도움이 필요하다면 믿어질까
그러나 이것은 사실이다.

허상을 꿈인양 믿고 씨름 하기도 한다.

자기 관리에 소홀한 자의 탐심이다.

땀을 아끼는 만큼 삶은 빛을 잃는다.

놀라운 것을 깨달을 때마다 우리의 삶은 성장한다.

거기에는 땀의 분량과 비례한다.

사랑을 아끼는 것처럼 어리석은 일은 없다.

그 열매는 항상 자기에게로 돌아오기 때문이다.

모르는 것을 아는척 하면 나도 속이고 남도 속이는 것이다.

빈수레가 요란하듯이 가진 것이 많은 자 일수록

자기 자랑을 두려워 한다.

훗날을 예비하듯 서두를 필요는 없다.

그러나 시간이 많다 하여 소홀해서도 안된다.

때로는 침묵하며 먼 미래를 보라. 그리고 거기에는
분명히 보이는 것이 있어야 한다.

기다릴줄 아는 사람은
인내가 주는 의미를 안다.

나의 자랑은 버리는 시간이며
남을 자랑함은 내게도 유익이 된다.

내가 나를 인정하는 삶은 남이 나를 인정해주는 것보다 훨씬 힘
이 있다.

평범한 일상속에서 귀한 것을 이루기 힘들 듯이
위대한 유산 마다에는 땀이 베어 있음을 보라.

내가 아는 나와 타인이 아는 나는 다를 수 있다.

의문에 답을 얻기까지 많은 시간이 필요할 때가 있다.

그러나 인내의 훈련이 되어 있으면 답을 얻는 그 시간을 웃으며 누린다.

탐욕만큼 무서운 적도 없다.

그것을 다스리지 못하고 승리한 자도 없다.

삶속에서 타인의 칭찬만큼 귀한 것도 없다.

땀은 흘릴 때의 고통보다

닦을 때의 기쁨이 더 크다.

때로는 사랑으로 시작하며 미움으로 끝나기도 한다.

그러나 진정한 사랑은 미움을 동반하지 않는다.

교만은 지혜로운 자의 자리에 서지 못한다.

탐욕이 이룬 부에는 사랑이 없다.

작은 것에 탐하다 큰 것을 잃음은 안타까워도

큰 것을 구하기 위하여 작은 것을 잃는다 하여

우리는 그것을 손실이라 하지 않는다.

독을 품은 말에 사랑의 색칠을 하기도 한다.

그러나 기도는 그것을 비켜가게 한다.

상대가 주는 따뜻한 사랑을 뜻밖의 횡재라도 누리는 것인양 하는 자가 있다.
이런 자의 모습은 도둑보다 악한 자의 모습이다.

타인의 매사에 깊이 개입하기를 좋아하는 사람도 있다.
이는 지혜와는 무관한 무지의 소치이다.

정욕과 사랑은 너무도 거리가 멀다.
그러나 많은 사람들이 같은 것인양 착각한다.

많은 것을 잃고도 침묵하며 흐트러지지 않은 자기 모습을 잃지 않으려고 노력하는 자가 있나 하면 적은 것을 잃고도 심히 불평하며 흐트러진 모습을 드러내는 자가 있다.

이는 다듬어진 인격이 얼마나 귀한 것인가를 우리에게 보여주는 교훈이다.

상처에는 아픔이 동반한다. 그러나 상처를 받아들이는 자세에 따라 상처가 훗날에 기쁨이 될 수 있다.

이는 지혜로운 자가 누리는 복이다.

한 사람의 소원의 성취가 만인을 기쁘게 하는가 하면 그 반대로 만인을 슬프게도 한다. 이는 동기와 목적에서 오는 결과이다. 그러므로 우리가 가져야 할 꿈이 얼마나 중요한가를 깨닫게 한다.

때로는 자기의 행위가 의롭지 못함을 깨닫고 괴로워 할때가 있다. 이런 아픔은 아무에게나 주시는 하나님의 사랑이 아니다.

어떤 문제에 지혜는 지극히 쉬운 방법으로 해결하여도 마귀는 끝없는 미로로 이끌어 간다.

타인과 비교하여 자신을 비하 하기도 한다. 서로의 길이 다름을 몰라서이고 때로는 뒤져있는 자신의 처지가 축복임을 몰라서 이기도 하다.

성경에는 이런 말씀도 있다.
악인의 형통함이 다 죄라고.

위대한 꿈에는 함께 하는 힘도 있음을 믿는다.

웃음만 있는 삶도 없고 웃음 안에서는

삶의 깊은 곳을 볼 수 없다.

거짓을 즐겨 말하는 자는 그 함정에 자기를 가둔다.

아름다운 언어는 자신의 삶을

아름답게 가꾸는 힘이다.

나보다 어려운 자를 돕는 것은 사랑이 아닌 의무이다.

대화만큼 고독을 이기는 방법도 없다.

그러나 건강한 대화이어야 한다.

오늘 하루는 또 나의 삶에 어떤 의미를 더하였을까

그러나 살아온 하루를 돌아보는 것만으로도 우리의 삶은 건강

을 유지한다.

나보다 어려운 자를 돕는 것은 사랑이 아닌 의무이다.

대화만큼 고독을 이기는 방법도 없다.

그러나 건강한 대화이어야 한다.

오늘 하루는 또 나의 삶에 어떤 의미를 더하였을까

그러나 살아온 하루를 돌아보는 것만으로도 우리의 삶은 건강
을 유지한다.

노래는 기쁨의 표현이기도 하고 슬픔의 표현이기도 하다.

그러나 우리가 한쪽의 감정에만 몰입하다 보면 삶의 균형을 잃
게되어 건강한 자아를 해칠 수 있다.

자신의 힘으로는 감당할 수 없는 자리에 앉아

국가와 사회에 폐를 끼치고도 부끄러워 하지 않는 자가 있다.

이것은 탐욕을 넘어선 무서운 죄악이다.

탐욕이 없는 삶은 날마다 그 출발이 신선하고 가볍다.

살아가면서 헛된 것들을 지울 수 있는 용기가 있는 자는 행복한
자 이다.

앞서가는 자에게 축하의 박수를 보낼 수 있는 용기는 누구나 가진 자산이 아니다.

아름다운 꽃 앞에서 걸음을 멈춤은 지극히 자유로운 삶의 모습이다.

나를 힘들게 하는 내마음의 미움의 자리에 사랑을 심는 일을 멈출 수 없음은 그 사랑의 수고는 나자신을 위한 최고의 땀이기 때문이다.

자유는 왜 소망의 대상일까
신선한 공기와 같기 때문이다.

재물의 남용 앞에서 타락하지 않은 자가 없다.

남이 간 길을 내가 다시 간다면 큰 의미가 부여될 수 없다.

그러나 누구도 밟지않은 미답의 길을 갔을 때는 다르다.

땅을 파는 자의 수고와 땀을 우습게 아는 자 치고
자기 자랑에 취하지 않는 자가 없다.

자신의 궁극의 목적은 나자신에 대한 사랑이다.

자기 이익만을 위해 사는 삶 거기에도 자기 주장이 있다.

그래서 세상은 시끄럽다.

사랑은 가까운 곳에 있는 자에게만 베풀 수 있다는 생각은 잘못
이다. 우리는 먼곳에 있는 분들을 위해서도 기도할 수 있다.

이웃의 상처를 외면하면 가까이 가서 보듬는 것보다 더 힘들 때
가 있다.

탐욕은 필요없는 것들 까지도 쓸어 모은다.

그리고 그것들 버리는 수고의 아픔도 자기 몫이다.

교만만큼 우리에게 다가오는 축복을 가로막는 적도 없다.

겸손한 자에게는 삶의 깊은 곳을 볼 수 있는 지혜도 주신다.

꿈이 땀과 눈물을 먹으며 성장할 때 인내도 더불어 우리에게 새로운 힘을 공급한다.

질곡의 밤을 안고 울어보지 않고는 자유 안에서 누리는 자유의 환희를 모른다.

많은 사람들이 행복도 불행도 내 입의 말에서부터 시작임을 믿으려 하지 않는다.

품위있는 언어는 나의 겉모습도 다듬어 준다.

자기 이익에만 몰두하는 자는 작은 일에도 화를 낸다.

자신의 행위마다 합리와 하려는 자는 스스로의 올무에 얽매이게 된다.

나는 어디로 가고 있는가 이 의문에 답을 얻은 자는 행복한 자
이다.

동서고금의 인재들이 남긴 말이 꼭 옳은 것만은 아니다.
자기를 사랑할줄 모르는 자가
사랑을 말함은 우스운 일이다.

주님께서 어느날 말씀하셨다.
내안에서 누리는 기쁨이 아니면 진정한 기쁨이 아니니라.
생명은 시간의 제약을 받음없이 지속되듯이 생명의 근원이신 나
예수 안에서 누리는 기쁨은 영원하리라고.

진리안에서 자신을 지키며 소망하는 일을 이루어가는 삶처럼 기
쁘고 행복한 삶도 없다 하겠다.

내게 필요하니 타인에게도 필요하다는 생각은 잘못이다.
각자에게 주어진 일의 몫이 다르기 때문이다.

우리의 삶의 여정에서 주님께서 사랑으로 주신 아픔을 값으로

계산할 수 있을까?

그러나 그 아픔의 깊이를 외면하는 자도 있다.

자기 자랑에 취한 자는 어느날 혼자임을 본다.

꽃은 향기만이어도 열매는 주림도 채워준다.

때로는 구해도 주시지 않는 기도가 있었다.

그리고 어느날 깨닫게 하시었다.

구해서는 안될 것을 구한 것이었다.

각인의 눈물이 같을 수 없고 아픔이 같을 수는 없다. 그러나 우리는 그속에서 조금씩 성장하며 삶의 깊은 곳을 보기 시작한다.

긍정의 언어만큼 위대한 자산도 없다.

언어는 삶을 이끌어가는 힘이기 때문이다.

자기 이름이 욕되지 않게 하기 위하여 흘리는 땀은 타인에게도 유익을 준다.

화려한 삶을 물질의 풍요인양 착각하기도 한다.

화려한 삶은 위대한 꿈과 함께 하는 땀의 노력이다.

자유의 개념을 약한 자 위에서 누리는 강한 자의 힘인줄로나 착
각하는 사람도 있다.

자유는 보다 아름답고 위대한 모습이다.

상대의 아픔을 위로하고 치료할 수 있는 길이 없을까 하고 생각
하는 사람은 그리 많지 않다.

우선은 피하고 싶은 생각이 앞선다. 그러나 기도는 우리가 바라
도 최상의 방법을 가까운 곳에서 찾게도 한다.

지혜로운 자는 불의한 방법으로 자신에게 주어지는 힘의 행사
를 거부한다.

그것은 자랑이 아닌 수치임을 알아서 이다.

갈등의 결과로 물리적 충돌까지도 불가피 할 때 여기서 멈추는
자를 우리는 약자라 하지 않는다.

용기있고 다듬어지지 않은 자 아니고는 취하기 힘든 일이기 때문이다.

때로는 자신의 소심함이 자신의 적일 수도 있다.

그렇다고 무위한 용기에 자신을 맡기라는 뜻도 아니다.

기회가 다가왔을 때 포기하지 않고 꿈을 펼치는 결단은 누구나 누리는 용기가 아니다.

진리안에서 살기를 원하는 사람은 불의와의 타협을
싫어한다.

그러므로 무익한 일로 땀을 낭비하는 어리석음도 피한다.
진정한 힘은 질서와 정의 안에서 행하는 힘이다.

누구에게나 꿈을 이루어가는데는 훼방꾼이 있다.
그러나 그보다 큰 적은 내안의 두려움이다.

자기만큼 자기를 모르는 자도 없다. 그러나 어느날 의외의 순간
에 자신의 실상을 보고 놀랄 때가 있다.

하나님이 우리에게 주시는 이 귀한 선물은 우리로 하여금 자신
을 비하 하거나 자학하지 말라는 경고이다.

동토의 땅에도 봄이 오면 새로히 생명이 약동한다. 그러므로 고

난의 대에도 꿈을 포기하지 않고 자기를 지키는 노력은 귀한 땀이다.

불의한 일에 흘린 땀을 자랑할 자는 없다.
그러나 의로운 일에 흘린 땀은 타인에게도 자랑이요
나에게는 기쁨으로 남는다.

아무리 힘든 일도 또다른 일도 세상의 일은 끝이 있다.
그러나 내가 길이라 하신 주님은 염원하신 분이시다.

사랑은 언어의 유희가 아니다.
그러나 행함이 없는 사랑도 때로는 힘을 발휘한다.
언어가 지닌 힘 때문이다.
숨어서 하는 일도 보는 자가 있다. 자신이요 하나님 이시다.

주님도 보고 계심을 믿음을 넘어 체험을 통해서도 알게 되면 불의에 자신을 방치하지 않는다. 때로는 자신의 허물에 대한 양심의 책망이 타인이 주는 질책보다 더 아프게 하기도 한다.

자유!

자유는 자유마다 그 누림에 상응한 땀흘림이 있었다.

말이 지닌 힘을 가볍게 여기는 자는 그 언행이 심히 가볍다.

말은 말마다에 지닌 힘이 있음을 몰라서 이다.

사랑은 지혜와 병행하였을 때 그 사랑은 더욱 빛난다.

꿈의 꿈으로 끝나버리는 경우가 허다하다.

꿈을 심었으면 가꾸는 땀도 열매가 있기까지 이어야 한다.

신앙인의 자기 자랑처럼 어리석은 일도 없다.

사랑은 체온처럼 따뜻하고 미소나 위로같은 것인 줄로만 생각하기도 한다. 그러나 때로는 사나운 폭풍처럼 다가와 할퀴고 가기도 한다.

조바심은 서두르는 자의 가장 큰 약점이기도 하다.

자랑과 진실은 거리가 멀다.

악한 말은 언제인가는 자신이 마셔야할 독이 되어 돌아온다.

고아의 눈물보다 고독한 눈물이 있을까?

교만만이 나를 넘어지게 하는 적이 아니다.

자신에 대한 과소평가 또한 무서운 적이다.

하고싶은 일 다하는 것이 자유일까 하고싶은 말 다하는 것이 자유일까 진정한 자유는 그 반대일 수도 있다.

절제되지 않은 삶은 자신에게는 물론 타인에게도 많은 해악을 준다.

고난이 삶에 주는 도움을 다 설명하기는 어렵다.

우리는 고난을 통하여 이기는 힘도 지혜도 터득하기 때문이다.

많은 세월의 경이롭고 다채로운 삶을 누리고도 굳이 자랑앞에 나서기를 거부하는 겸손한 삶이 있나 하면 평범한 삶속에서 누구에게나 있을법한 일들에 화려한 수식어들로 장식한 자기 자랑을 보기도 한다.

지혜롭고 겸손한 자는 자기 자랑에 파묻히는 우를 범하지 않는다.

위대한 말에는 위대한 힘도 함께 한다.

사랑의 실체는 희생이다.

그러므로 희생이 동반하지 않은 사랑은 거짓이다.

삶을 우연의 과정이라 생각하는 사람은 하나님을 모른다.

슬픔은 꼭 아픔의 대명사 만은 아니다.

때로는 환희의 날개로 변신하여 나르게 한다.

삶은 누구나 나의 나됨을 자랑할 때부터 무너지기 시작한다.

하나님과 맞서고 이길 수 있다고 생각하는 자 처럼 어리석은 자
도 없다.

살아온 날을 돌아볼 줄 모르는 자는 항상 자기가 옳다고 주장한
다.

그러나 돌아보는 삶속에서 자기 잘못을 보고 깨닫는 자는 날마다 자기 성장의 떡을 먹는다.

겨울이 가면 봄이 옴을 믿듯이 주님 안에서의 고난은 결코 헛되지 않음을 믿음이 신앙이다.

내게는 가벼워도 상대에게는 무거운 짐이 될 수 있다.
이것이 삶의 무게이다. 그러므로 상대를 가볍게 평하는 우를 범하지 말아야 한다.

같은 시간인데도 환경에 따라 사람에 따라 그 시간의 느낌이 다를 수 있다.

많은 사람들이 이웃에 대한 사랑이 자신에 대한 사랑임을 모른다.

역사의 위대한 열매마다 그 시작은 꿈이었다.
삶은 대인관계를 넘어 하나님과의 관계이다.

삶은 왜 엄숙한가 한번 뿐이기 때문이요

죽음 후에는 심판이 있기 때문이다.

꿈을 가진 사람은 자기자랑을 싫어한다.

그리고 꿈을 위해 기도한다.

우리에 대한 하나님의 사랑을 측량할 수 있다고 생각하는 사람
은 하나님을 모르는 사람이다.

사랑만큼 강한 힘도 없다.

사랑은 모든 것을 극복한다.

조용히 인내하는 힘 그보다 강한 힘도 없다.

따뜻한 말에는 항상 따뜻한 보답이 있다.

하나님이 나를 지킨다는 믿음이 없는 신앙은 헛된 것이다.

꿈이 꿈으로 끝나버린다면 그것은 꿈이 아니다.
꿈은 위상에 상응한 열매가 있다.

누구나 자기 이름이 드러나는 것을 싫어하는 사람은 없다.
그러나 그 드러남이 선의 열매이어야 한다.

울음으로 위기를 모면해 보려는 겨우가 있다.

그러나 그것은 기만이다.

밤이 가면 동이 트듯이 땀은 항상 열매를 준다.

때로는 놀라운 일이 기쁘게 한다.

우리는 그때마다 새로운 힘을 공급 받는다.

사랑은 아픔 앞에서도 잠잠한다

그리고 굳이 그 상처 드러내기를 싫어한다.

사라진줄 알았는데 다시 싹이 나고 꽃이 피고 열매를 맺는다.

뿌리는 살아 있기 때문이다.

사람도 없는 듯이 침묵하다 빛을 내는 경우가 허다하다.

말중에는 욕보다 아픈 상처를 주는 말이 있다.

죄가 없는 사람이 있을까 그러나 죄와 싸워
이기는 힘이 있다. 기도이다.

기도하지 않고는 나의 나됨이 주님의 사랑임을 알지 못한다.

고난속에서도 기도를 쉬지 않는 사람은
고난도 축복임을 깨닫는다.

말이 준 상처가 칼이 준 상처보다 아플 때가 있다.

악도 웃으며 다가오면 분별하기 힘들어도
기도하면 보인다.

위대한 삶일수록 많은 상처를 이기었다.
우리가 배워야할 교훈이다.

때로는 힘들어도 힘든 말을 해야 할때가 있다.

그러나 용기 없는 자는 침묵하고 만다.

사랑을 한마디로 정의 하기는 어렵다.

그러나 사랑의 본질은 희생이다.

인간의 지혜로는 알 수 없는 일들이 많다.

그러나 굳이 아는척 하는 이유는 왜일까.

이웃의 아픔에 도움이 될 수 있었는데도 외면하면

사는동안 많은 날 후회하며 괴로워 한다.

사랑에는 매양 희생이 동반한다.

그러나 진정한 사랑을 그것을 두려워하지 않는다.

고난의 여정에서 힘이 들어 미리 포기해 버리는 자가 있다.

이런 자에게 꿈을 준들 무슨 소용이 있겠는가.

하찮은 일에 자기를 드러내려 떠드는 자가 있다.

살아오면서 안으로 갖추어진 것이 없기 때문이다.

자기 감정이 앞서는 삶은 실패한다.

삶에는 질서가 있고 몸담고 사는 사회의 법이 있다.

휴식 없는 삶

휴식 없는 삶이 자랑 일수 없다.

휴식도 삶의 중요한 한 부분의 삶이기 때문이다.

강도 푸르고 산도 푸르다.

그러나 그 푸르름의 색은 다르다.

언어가 지닌 한계이다.

그러므로 말은 신중해야 한다.

긴장이 없는 넉넉함 속에서도

자신을 돌아보는 삶은 지혜로운 삶이다.

어른이 어린이를 훈계 할 때는

자기 성장의 과정도 돌아보아야 한다.

당연히 해야 할 일을 하고도

자랑을 늘어놓는다.

자랑할 만한 것이 없는 삶이기 때문이다.

삶의 위대한 무기

신앙의 미래에 대한 확신은 삶의 위대한 무기이다.

무익한 곳에 땀을 쏟고 후회하기도 한다.

지혜는 땀을 쏟을 곳을 가르쳐 준다.

문화라는 이름으로 많은 말들이 세상을 혼란케 한다.

지극히 분별의 지혜가 필요한 때이다.

나를 지키는 힘은 나의 주관이다.

그러나 진정한 힘을 얻게 하는 것은

주님께 나의 삶을 맡기는 신앙이어야 한다.

그릇된 유혹에 기회를 주지 않기 위해서는

삶의 분명한 목표가 있어야 한다.

꾸며진 미소는 자기 기만이 될 수 있다.

기도로 준비하고 기도로 살아가는 사람은

그릇된 유혹이 쉽게 접근하지 못하고 또한 이기지 못한다.

건강한 다툼도 필요하다.

건강한 다툼이 침묵을 이기기도 한다.

용기의 힘이다.

남의 자리에서 타인의 공적을 가로채는 자가 있다.

보이는 도둑보다 더욱 악한 자이다.

자유 할 수 있을 때 인내하는 용기는

누구나 가질 수 있는 용기가 아니다.

삶의 중요한 질서는

항상 주님의 이름이 먼저다.

내가 나를 책망 할 줄 모르는 자는

자기 성장의 기회를 놓친다.

고요한 시간만큼

나를 돌아보는 깊은 기회도 없다.

알 듯 하면서도 확실치 않을 때는

잠시 멈추는 것이 지혜이다.

슬퍼하기보다 땀이 필요하다

타인의 아픔을 즐기는 자는

결코 사랑의 자리에 기대하지 마라.

모두 떠난 자리에 혼자만 있을 때가 있다.

그러나 우리는 그것을 실패라 하지 않는다.

믿음 안에서 그런 고독이 있을 수 있다.

아무리 둘러 보아도 나를 도울 자가 없을 때

나를 지킬 수 있는 유일한 길은 기도이다.

희생을 각오하는 사랑의 자리에 서기를 마다하지 않는

사랑의 용기앞에 우리는 머리를 숙인다.

슬퍼한다고 상황이 바뀌는 것은 아니다.

슬퍼하기 전에 땀이 필요하다.

두려움이 앞서는 여정은 실패하기 쉽다.

꿈과 할 수 있다는 확신으로 불타야 한다.

삶은 침묵하는데 말이 앞서고 떠들어 대는 이들을 볼 수 있다.

우리가 배워야할 교훈이다.

기도가 없는 서두름은 실패다

기도가 없는 서두름은 지혜가 아니다.

착취와 군림을 성공인양 착각하기도 한다.

진정한 성공은 빛을 발한다.

나를 두고 스스로 감탄 할 때가 있다.

숨겨진 나 자신의 발견 때문이다.

삶이 힘들어도 자기 이름에

때 묻지 않기를 바라는 땀도 있다.

한 사람을 구하기 위하여 많은 사람의 희생이 따를 때도 있다.

그러나 우리는 그것을 두고 손실이라 말하지 않는다.

시간에 관계없이 다듬은 삶은 빛이 난다.

책망을 싫어하는 자에게

지혜의 삶을 요구하는 것은 어리석은 일이다.

사랑의 위대함은 사랑만이 증명 할 수 있다

바쁜 시간의 관찰에서는 볼 수 없는 자기 모습을 조용한 시간의
관찰에서는 볼 수 있다는데 대하여 생각하기 바란다.

우는 자의 슬픔을 다 안다고 하는 것은 착각에 불과하다.

한 인간의 그릇은 위기에 처했을 때 드러난다.

사랑의 위대함은 사랑만이 증명 할 수 있다.

땀이 없는 노력은 자기 위선이다.

울음만이 슬픔인줄 착각하기 쉽다.

울수 없는 슬픔도 헤아릴 수 없이 많다.

이웃과 내가 같을 수는 없다.

그러나 사랑은 그 벽을 허물기도 한다.

땀은 정의로운 곳에 쏟을 때 빛이 난다

나의 성장은

내가 부족함을 깨닫는데서 부터이다.

아름다운 추억은 가버린 시간이어도

우리에게 행복을 가져다주기도 한다.

하나님은 무한하신 분이시다.

그 믿음 안에서의 삶이 신앙이다.

진정한 자유는

주님께 나를 맡기는 삶에서 온다.

날마다의 삶이 똑같은 누림의 반복 같아도

날마다의 삶은 새로운 삶의 누림이다.

존재하는 모든 것은 자기만의 독특함이 있음을

많은 사람들이 무시해 버린다.

시련은 나를 지키는 힘을 준다

내가 예수님을 믿는 증거는 나도 주님과 함께
십자가에 달렸음의 확인이다.

위대한 꿈은 많은 시련 앞에서도
나를 지키는 힘을 준다.

삶은 왜 고난을 동반 할까
성경은 정답을 말해 주고 있다.
바로 우리의 죄로부터 시작되었다고 한다.

탄식을 지난 후의 고백이다.
지혜로운 자는 그 많은 탄식으로부터 많은 것을 배우고 깨달았
다라고.

잘못 된 자유는

많은 질서를 파괴한다.

품위를 지키는 삶은 나를 편안하게 한다.

우리의 삶은 그 행위마다에 상응하는 보응이 있음을

성경을 통하여서 배운다.

지는 꽃은 열매를 남긴다

잠시 피었다 지는 꽃은 열매를 남긴다.

하물며 우리의 삶이 남기고 간 자리에 열매가 없다면 부끄러운

일이다.

나에게 내일은

내가 존재하는 이유이기도 하다.

성난 파도는 폭군처럼 보이지만

사실은 바다의 호흡이라고 한다.

기도는 나를 지키는 호흡이다.

버릴 것은 버릴줄 아는 것은 지혜이며

그 행위는 용기이다.

나를 지키는 가장 위대한 지혜와 용기는

하나님께 나를 맡기는 것이다.

그 지혜는 숨겨진 깊은 곳도 보여준다.

그 지혜는 기도의 산물이요 하나님의 사랑의 선물이다.

진정한 꿈은 이루어진다

다투며 살기를 즐기는 이들도 있다.

사랑이 무엇인지 모르기 때문이다.

꿈은 이루기까지 땀과 눈물이여도

항상 무지개를 동반한다.

슬픈 노래는 눈물과 함께 위로를 준다.

노래가 지닌 신비이다.

사랑만큼 강한 힘도 없다.

사랑을 해본 자 만이 아는 비밀이다.

꿈이 꿈으로 끝나 버리면 꿈이 아니다.

진정한 꿈은 이루어진다.

혼돈의 때에 분별없는 행동만큼 어리석음도 없다.

동이 서라고 우긴다고 동이 서가 될 수 없다.

진리가 아닌 것을 진리라 우김의 어리석음이다.

연인의 미소는 다 사랑인줄 착각하기도 한다.

미소에도 여러 종류의 미소가 있다.

목표가 분명한 삶과

그렇지 않은 삶의 차이는 너무 크다.

길을 묻는 자에게 대하는 모습에서 우리는 많은 것을 본다

믿음에 상처를 주기까지의 양보는 양보가 아니다.

그것은 자기 상실이다.

어떤 이유에서이든지간에 장시간의 자신의 방치는 삶의 포기

이다.

삶은 끊임없는 자기 성찰과 관심이어야 한다.

평안한 시간에도 자기를 살피는 삶의 태도는 자기를 지키는

힘중의 힘이다.

상대가 나에게 돌을 던진다고 나도 던질 수는 없다.

이유 없이 던진다 해도 나도 던져서는 안된다.

멈출 줄 아는 것도 지혜다

죽음을 초월 할수 없는 인간을 두고 예수님은 뭐라고 말씀 하시는가?

"나를 믿는 자는 죽어도 살겠고 무릇 살아서 믿는 자는 영원히 죽지 않는다" (요한복음 11장 25-26절 말씀) 라고 말씀 하신다.

이것이 곧 믿음이고 신앙이다.

지혜는 때로는 멈출 줄도 알고 돌아 설 줄도 안다.
자기 자랑에 도취되어 있는 자에게서 분별력을 바라는 것은 어리석은 일이다.

간단하게 한마디로 끝낼수 있는 말을 복잡하게 설명하려고 하는 것은 지혜가 부족하거나 혹은 뭔가를 숨기고 싶은 것이 많아서 일 것이다.

  자유할 수 있으면 자유를 누리되 지켜야 할 의무도 있음을 명심
해야 한다.